L'OPÉRA COMIQUE,

OPERA-COMIQUE

EN UN ACTE, EN PROSE ET ARIETTES;

PAR J. SÉGUR LE JEUNE,
ET Em. DUPATY;

Représenté pour la première fois sur le Théâtre de l'Opéra Comique National, rue Favart, le 21 Messidor an 6 de la République.

A PARIS,

Chez HUET, Libraire et Éditeur de Piéces de Théâtre, rue Vivienne, N.º 8.

AN VI.

PERSONNAGES.

FLORIMOND.   Cit.ᵑ *CHENARD.*
ARMAND.   *ELLEVIOU.*
LAURE.   Cit.ⁿᵉ *SAINT-AUBIN.*
UN DOMESTIQUE.

Le Théâtre représente un Salon. Sur la droite est une grande croisée qui s'ouvre et ferme à volonté : elle donne sur la rue. On voit un piano, des instrumens de tous genres, un grand bureau, des livres, des partitions, et tout ce qui indique les goûts d'un homme amoureux des arts. Le Théâtre est en désordre. A droite, dans le fond, est la porte de l'appartement de Laure.

L'OPÉRA COMIQUE,

OPÉRA COMIQUE

EN UN ACTE, EN PROSE ET ARIETTES.

SCÈNE PREMIÈRE.

FLORIMOND *seul.*

Il faut convenir que les journées sont trop courtes pour un auteur dramatique qui ne peut pas exister sans composer, et qui ne veut pas manquer une première représentation. — Celle d'aujourd'hui m'occupe d'autant plus qu'elle est de quelqu'un qui m'intéresse infiniment. — Je ne sortirai cependant pas que ma niéce n'ait chanté devant moi ce passage de ma romance ; elle n'en a pas du tout saisi l'expression, et je n'en suis pas surpris. — Depuis quelque tems elle est rêveuse, distraite. — Malgré la solitude dans laquelle nous vivons (solitude nécessaire et très - bien calculée de ma part), j'ai cru m'appercevoir que son cœur n'était plus tranquile... Je veux chercher à pénétrer...

J'ai un moyen.... Ah ! la voilà !... Mais arrive donc , ma chère Laure !

SCÈNE II.

FLORIMOND, LAURE.

FLORIMOND.

Tu vois bien que ta musique ne peut pas aller à mes paroles.

LAURE.

Je vous assure que c'est votre faute ; les deux derniers vers sont mal coupés , et ne feront jamais d'effet.

FLORIMOND.

Je te dis que ça vient de la musique ; songe donc bien que dans notre piéce , la romance est pour le moment de l'aveu.

LAURE, *touchant une note.*

Mais écoutez donc ; tenez , mon oncle :
(*Elle chante*).

    » Et peut-on garder un secret
    » Que l'âme dévoile sans cesse ».

Vous voyez bien que ces deux vers ne sont pas.....

FLORIMOND.

Je ne suis pas de ton avis.

D U O.

Non, non, je ne suis pas content :
Il faut recommencer, ma niéce ;
Ce chant est triste et languissant ;
    Il peint. mal la tendresse.

L A U R E.

Ce vers n'a point de sentiment :
Je n'en pourrais rien faire ;
Il ne, peut inspirer un chant,
    Un chant qui puisse plaire.

F L O R I M O N D.

C'est un aveu.

L A U R E.

Je le sais bien.

F L O R I M O N D.

D'un tendre feu.

L A U R E.

Je l'entends bien.

F L O R I M O N D.

Et dans ce chant je n'entends rien
Qui me l'exprime encore.

Ce chant est triste et languissant ;
Il peint mal la tendresse.
Ce chant est triste et languissant ;
Il faut recommencer , ma niéce.
C'est un aveu.

LAURE.

Je le sais bien.

FLORIMOND.

D'un tendre feu.

LAURE.

Je l'entends bien :
Et dans ces vers je n'entends rien
Qui me l'exprime encore.

FLORIMOND.

Et dans ce chant je n'entends rien
Qui me l'exprime encore.

LAURE.

J'aurai beau faire , je ne pourrai jamais
donner d'expression à vos deux vers.

FLORIMOND.

Fais toujours la ritournelle : je vais réfléchir.

(*Il se met à son bureau*).

(7)

LAURE (*à part*).

Ah ! mon dieu ! il retourne à son bureau...
Voici pourtant bientôt l'heure où Armand
doit se trouver à sa fenêtre... et si mon
oncle ne s'en va pas.....

FLORIMOND.

Quoi, je ne pourrai pas en venir à-bout.
Oh ! je m'y obstinerai. Ces compositeurs
sont cruels ; il faut toujours en passer par
ce qu'ils veulent ! Nous autres poëtes, nous
ne sommes plus les auteurs de nos pièces :
il faut ôter, adoucir, couper ; enfin c'est
à-présent la règle : on sacrifie tout aux
musiciens. (*Il se lève*).

Ces messieurs ont cet avantage,
Qu'il faut près d'eux, pour réussir,
Savoir au gré de leur desir,
Refaire vingt fois notre ouvrage ;
Otant le sel de nos couplets,
Par des roulades mal placées.....
Ils ignorent que tous leurs traits (*bis*).
Ne sont pas toujours des pensées. (*bis*).

LAURE *se levant*.

Ecoutez donc, mon oncle.

Vous penchez fort pour la critique ;
Elle a pour vous beaucoup d'appas ;
Messieurs les Auteurs d'opéras,

Censurez moins notre musique :
Vos vers sont polis et bien faits,
Et vos rimes bien cadencées ;
Mais l'on y voit souvent nos traits   *(bis)*.
Vous y tenir lieu de pensées.   *(bis)*.

FLORIMOND.

De l'épigramme… Eh bien ! tu verras…
tu verras ces deux vers.   (*Il se rassied*).

LAURE (*à part*).

Il n'en finira pas.

FLORIMOND.

Je les tiens… voilà mes deux vers.

» Mon secret ne m'appartient plus,
» Il est à l'objet que j'adore ».

C'est ça : je crois qu'ils doivent aller…..
Allons, essaye… Voyons.

LAURE.

Oui, oui, mon oncle, ils iront !…..

FLORIMOND.

Eh bien !.. que fais-tu là ? toujours distraite… mets-toi à ton piano ; occupe-toi
bien, ma chère Laure ; souviens-toi que ce
n'est qu'à tes talens que tu devras un éta-
blissement ; car je ne veux donner ta main
qu'à un artiste distingué ; je m'en occupe ;

acquiers du talent, et je te marie... travaille, travaille !.....

L A U R E.

Mais, mon oncle, mes progrès seraient bien plus rapides, si j'avais quelqu'encouragement !.. Point de conseils; je n'entends presque jamais de musique ; vous me menez si rarement au spectacle !..... vous ne recevez jamais personne; toujours seule... comment voulez-vous...

F L O R I M O N D.

Ma bonne amie, ne te fâche pas ; j'ai mes raisons pour en user de la sorte, pour ne recevoir personne ; et tu t'en trouveras bien. Comme je te l'ai dit, je veux moi-même te choisir un mari ; j'ai même depuis long-tems quelqu'un en vue, et qui doit te convenir sous tous les rapports. — Je le connais; il est bien né ; il a des talens, et quelque chose me dit... qu'il doit te plaire...

L A U R E.

Quoi, mon oncle, vous auriez déjà quelqu'un en vue ?

F L O R I M O N D.

Oui, et je suis sûr que celui que je te destine sera l'objet de ton choix.

LAURE.

Mon oncle, voilà huit heures. Ne m'avez-
vous pas dit de vous prévenir : et la piéce
nouvelle !.....

FLORIMOND.

A propos, c'est vrai... je ne pense plus à
rien ; (*à part*) cette piéce m'intéresse, et
beaucoup ; heureusement ce n'est qu'un petit
acte : je ne serai pas long-tems.

(Il sort).

SCÈNE III.

LAURE *seule*.

IL s'occupe de me marier.... mais de qui
veut-il donc parler ? J'aurais peut-être osé
me confier à lui ; mais à - présent qu'il a
d'autres vues, un jeune homme qu'il con-
naît beaucoup. Il est pourtant bien sûr que
je ne pourrai jamais aimer qu'Armand. C'est
bien pour huit heures. Oh ! mon dieu ! oui,
voilà sa lettre. Parvenu à se loger vis-à-vis
de la maison, il me demande, à moi qu'il ne
peut voir qu'au spectacle ou à la promenade,
un moment d'entretien à cette fenêtre, qui
est en face de la sienne ; irai-je ? — Quel
parti prendre ? — Écouter de la sorte un jeune
homme ; profiter de l'absence de mon oncle,

quand il me destine à un autre ; ne serais-
je pas blamable ? — Oh ! sans-doute. Voilà
mon parti pris ; je ne l'écouterai certainement pas....

Ciel ! c'est le son de sa guitare , le signal
qu'il ma donné !.... mais, si je l'entends,
c'est bien malgré moi !.... et me voi'à
bien décidée à ne pas lui parler !.... Je
voudrais bien connaître l'air qu'il joue !....
d'ici je n'entends presque rien. — Si je
m'apdrochais de la fenêtre sans l'ouvrir....

(*Elle va à la fenêtre*).

L'air est charmant. — Oh ! mon dieu, le
voilà maintenant qui chante.... Il va se
trahir !.... Il appelle Laure... Quelle imprudence !... Il faut que j'entr'ouvre un peu
la fenêtre. — Je ne veux pas lui parler,
certainement..... mais il faut bien que je
lui dise de se taire...

(*Elle ouvre*).

SCÈNE IV.

LAURE, ARMAND, *en dehors.*

LAURE.

JE vous en prie , Monsieur Armand, taisez-
vous donc ; vous me faites trembler. —

—Non, monsieur, il m'est absolument impossible de venir à la fenêtre causer avec vous.

—Je sais tout cela ! — Mais je vous entends bien ; parlez donc plus bas.

— Que dites-vous ? — Si je vous aime ? je ne puis pas répondre à cela, sur-tout à-présent ; vous ne savez pas tout ; et je vous aimerais que je ne devrais pas du-tout vous le dire, ni me l'avouer à moi-même ; retirez-vous.

— Hein ! . . . . — Mais un peu plus haut, je n'entends plus rien. . . . — Vous recevoir pendant l'absence de mon oncle ? allons, quelle folie ! d'ailleurs, le spectacle va bientôt finir ; mon oncle va revenir travailler ; vous savez sa manie, pour faire des plans de comédie, qu'il ne peut jamais exécuter ; et comme il en fait une dans ce moment-ci. . . . — Certainement il en fait une, et ce sera fort touchant, un opéra comique où l'on ne fera que pleurer. — Oh ! mon Dieu ! oui, il s'en occupe très-sérieusement. Il ne peut pas en venir à-bout ; — Et j'en fais la musique. . . . — Pourquoi tant mieux. . . . — Ah ! d'après ce que vous me dites là, si vous avez un moyen de venir, c'est différent ; mais au-moins je vous déclare que c'est sans

ma permission, et puis j'en doute beaucoup...
Mon oncle ne reçoit personne; d'ailleurs à
quoi cela servirait-il; vous ne savez pas qu'il
a déjà des vues.... — Comment si vous avez
le bonheur de réussir... et à quoi? — C'est
un secret?....

— Vous, reçu ici?.... dès aujourd'hui?
Comment pouvez-vous dire ça? — *(à part)*
Ah! mon Dieu! il est fou... Allons, je n'en-
tends plus rien. Bon soir.
(Elle quitte la fenêtre).
Encore sa guitare; il ne se taira pas; mais
taisez-vous donc, je vous en prie.

C O U P L E T S.

Je vous comprendrai toujours bien;
Ne chantez plus, cédez à Laure;
Lorsque je n'entendrai plus rien,
Je croirai vous entendre encore.
(Elle ferme la fenêtre.)

SCÈNE V.

L A U R E *continue.*

Ah! quand un cœur nous est donné,
Lorsque l'on sait aimer et plaire,
Bien certain d'être deviné,
Doit-il tant coûter de se taire?
(Elle regarde à travers les vitres.)

Enfin le voilà parti ; j'ai eu bien de la peine !....

> Ah ! que l'amour est imprudent !
> Quand on aime toujours le dire,
> N'est-ce donc jamais qu'en parlant
> Qu'on exprime un tendre délire ?
> D'un mot le bonheur se détruit,
> Et souvent on prouve, au contraire,
> Et plus d'amour et plus d'esprit,
> En sachant à propos se taire.   (*Bis.*)

A - présent ce n'est pas toujours comme cela !....

> Voulant prouver avec chaleur
> Ou son mérite ou sa tendresse,
> On étourdit son auditeur,
> Et l'on fait trembler sa maîtresse ;
> On croit jamais n'avoir tout dit ;
> On veut briller ou l'on veut plaire....
> Les amans et les gens d'esprit
> Ne sauront-ils jamais se taire ?

— Allons, remettons-nous au piano. — Oh ! Ciel ! j'entends, je crois, mon oncle ; il n'aura pas trouvé de place au spectacle. Vîte, vîte, son autre ariette.

> (*Elle commence à jouer.*)

SCÈNE VI.

LAURE, FLORIMOND.

FLORIMOND *à part, se promenant à grands pas.*

Monsieur Armand ! .... Monsieur Armand ! .. ah ! .. qui jamais aurait cru cela de vous ?

LAURE *(à part)*.

Armand ! que dit - il ?

FLORIMOND.

Quelle entreprise ! quelle audace ! ...

LAURE *(à part)*.

Je tremble.

FLORIMOND.

Oser une chose pareille , et réussir ! Avec quelle bienveillance , quel plaisir on vous l'a écouté !

LAURE *(à part)*.

Il a tout entendu.

FLORIMOND.

Et moi, simple spectateur. . . .

LAURE (*à part.*)

Il étoit là !

FLORIMOND.

Et je serois témoin de cela sans m'enflammer, sans me monter la tête !...

LAURE.

Quoi, mon oncle, vous étiez témoin ?...

FLORIMOND.

Malheureusement je n'ai pas tout entendu ; je ne suis arrivé qu'à la fin.

LAURE (*à part*).

Tant mieux !

FLORIMOND.

Mais j'ai tout deviné.

LAURE (*à part.*)

Tant pis !

FLORIMOND.

L'Ouvrage est charmant, le dénouement piquant, la musique délicieuse.

LAURE.

Comment ?

FLORIMOND.

Oui, la musique.... Mais tu avais laissé passer l'heure ; je ne suis arrivé qu'à la fin de la piéce nouvelle ; j'en sors.

LAURE (*à part*).

Je respire !

FLORIMOND.

Elle a été aux nues ! Elle est d'un jeune homme nommé Armand.

LAURE.

Armand ! dites-vous ?...

FLORIMOND.

Sans-doute, Armand.... Eh bien ! c'est lui qui en est l'auteur.

LAURE.

Armand !...

FLORIMOND.

Oui, un jeune homme, mais un grand talent, beaucoup de talent. Est-ce que tu en aurais entendu parler ?

LAURE.

Mais, mon oncle...

FLORIMOND.

Eh bien ! réponds ; connais-tu ce nom-là ?

LAURE.

Mais.... je crois que oui. — C'est lui qui s'est trouvé un jour par hazard...

B

FLORIMOND (*à part*).

Par hasard.

LAURE.

Oui, dans votre loge, auprès de nous;
et que nous avons rencontré au spectacle
plusieurs autres fois.

FLORIMOND.

Encore par hasard!...

LAURE.

Vous avez causé souvent comédie avec
lui ?

FLORIMOND.

Ah ! je m'en rappelle !.. un fort estimable
jeune homme ?...

LAURE.

Oui, mon oncle !

FLORIMOND.

Bien fait ?

LAURE.

Oui, mon oncle !...

FLORIMOND.

D'une figure prévenante ?

(¹⁹)

L A U R E.

Oui, mon oncle. (*à part*) Oh ! si j'osais...

F L O R I M O N D.

(*à part.*) C'est ça. (*haut.*) Va, je l'ai bien demandé pour ma part ; on l'a cher-ché par-tout.

L A U R E.

Ciel !

F L O R I M O N D.

Figure - toi qu'on ne l'a pas trouvé.

L A U R E (*à part*).

Je le crois bien.

F L O R I M O N D.

Et, chose inouie, un de ses amis a pré-tendu qu'il n'était pas à sa piéce ; on ne sait où il était.

L A U R E (*à part*).

Je le sais bien, moi.

F L O R I M O N D.

Comme si quelque raison pouvait être assez forte pour manquer un triomphe pareil.

LAURE.

(*à part.*) Quelle marque d'amour !.....
(*haut.*) Mon oncle, il me semble que tantôt
vous m'aviez parlé...... d'un mariage ?

FLORIMOND.

Oui, ma chère amie, je t'ai promis un
mari, et je veux enfin t'apprendre quel est
celui que j'ai choisi ; mais avant de faire les
démarches nécessaires, il faut absolument
que je sache s'il te plaira.

LAURE.

Quel est donc le nom....

FLORIMOND.

S'il n'allait pas te convenir ?

LAURE.

Parlez ?

FLORIMOND (*à part.*)

Allons, puisque tu veux le savoir, c'est...

SCÈNE VII.

LES PRÉCÉDENS, UN VALET.

LE VALET.

Monsieur, une lettre !

FLORIMOND (*à part.*)

Ouvrons.... Ah ! d'Armand....

LAURE.

Son nom, mon oncle ?....

FLORIMOND.

Un moment... (*à part*) une lettre d'Armand ; voilà un hazard singulier ; lisons vite. Ah ! des vers.....

> » Un jeune auteur avec empressement
>> » Se plaît à vous offrir l'hommage
> » D'un foible essai de son premier ouvrage :
>> » C'est le prix qu'on doit au talent ;
>> » Daignez m'accorder comme grace ,
>> » D'en accepter la dédicace.

La dédicace de son ouvrage ! — Si je l'accepte , certainement ; et c'est beaucoup d'honneur pour moi. Poursuivons ; par *post-scriptum* : » J'ai appris dans le monde litté-

» raire où l'on parle beaucoup de vous. . . .
— Où l'on parle beaucoup de moi ! — je le
vois venir.

LAURE.

Eh bien ! mon oncle, dites-moi donc...

FLORIMOND.

Ma chère Laure, il me survient une
affaire ; laisse - moi pour un moment.

SCÈNE VIII.

FLORIMOND *seul.*

« J'ai appris dans le monde littéraire que
» vous travaillez à un Opéra ; le hazard m'a
» donné des idées sur un fond à-peu-près
» semblable au vôtre. Je m'empresse d'y
» renoncer, et je vous propose dès ce soir
» de vous soumettre mon travail qui pour-
» rait peut-être vous être utile ».

Ah ! ah ! Monsieur s'y prend de la sorte
pour s'introduire ; je n'aime pas trop ce
moyen-là. Monsieur l'auteur me prend pour
un oncle de comédie ; eh bien ! qu'il vienne,
et nous la jouerons. Il verra s'il est facile
de devenir mon neveu malgré moi ; il faut

le recevoir ; je veux connaître les sentimens de ma niéce , savoir si elle a eu l'imprudence d'entrer pour quelque chose dans cette ruse , et d'oublier que c'est à moi seul à disposer de sa main. Ecrivons. (*Il sonne.*) *A un valet qui entre* : Quélqu'un n'attend - il pas de la part de M. Armand ?

LE VALET.

Non , Monsieur , c'est lui-même qui est là.

FLORIMOND.

Comment , lui-même ! vîte qu'il entre... Armand lui - même ! quel empressement, quelle politesse ! oh ! il faut que je réponde à son procédé.

SCÈNE IX.

FLORIMOND, ARMAND.

DUO.

FLORIMOND.

Monsieur, combien votre visite
En cet instant doit me flatter.

ARMAND.

C'est un devoir dont au plus vîte
Je m'empresse de m'acquitter.

FLORIMOND.

(*à part.*)   (*haut.*)
Un devoir. = Je vous félicite
D'un succès qui vous fait honneur.

ARMAND.

Ah ! je dois moins la réussite
A mon talent qu'à mon bonheur.

FLORIMOND.

Mon cher , vous irez loin sans-doute.

ARMAND.

Heureux , si je puis réussir...

FLORIMOND.

Douteriez-vous de l'avenir ?

ARMAND.

Mais...

FLORIMOND.

Le premier pas seul nous coûte.

ARMAND.

Il est fait plus heureusement.
Que je ne l'espérais.

FLORIMOND.

Vraîment! ...

(*à part.*) Mais il y met de la finesse.

ARMAND.

(*à part.*) Il est dupe de mon adresse.

FLORIMOND.

(*à part.*) Soyons prudent!

ARMAND.

(*à part.*) Tenons nous bien ! . .

ENSEMBLE.

(*à part*) De mon projet ne montrons rien.

FLORIMOND.

A la fleur de l'âge ,
Avoir un début si brillant !

ARMAND.

Pour moi , le plus doux avantage
Est de vous trouver indulgent.

FLORIMOND.

D'honneur , combien votre visite ,
Plus j'y songe , doit m'enchanter !
Combien de votre réussite ,
Nos confrères vont s'attrister !

ARMAND.

C'est un devoir , etc.

FLORIMOND.

Mais où diable étiez-vous pendant la piéce?

ARMAND.

Dans un coin, attendant mon arrêt.

FLORIMOND.

Il a été des plus favorables... Mais après avoir adopté avec reconnaissance l'hommage que vous me faites de votre charmant Ouvrage, venons à l'objet essentiel... Au *postscriptum*.

ARMAND (*à part.*)

Bon ! il prend feu.

FLORIMOND.

A cette piéce qui a déjà fait du bruit dans le monde littéraire, et sur laquelle il vous est aussi venu par hazard quelques petites idées. ...

ARMAND.

(*à part.*) Je ne sais pas un mot de son plan, mais me voilà toujours entré. (*haut.*) Votre ouvrage est un Opéra comique ?

FLORIMOND.

Sans-doute... mais il n'est pas juste, mon ami, que vous perdiez le fruit de vos veilles.

ARMAND (*à part.*)

Mes veilles à la fenêtre.

FLORIMOND.

Vous avez travaillé de votre côté... moi du mien : nous n'y perdrons ni l'un ni l'autre ; nous réunirons notre esprit , nos talens , et nous travaillerons ensemble.

ARMAND.

Bravo ! bravo !... Monsieur.

FLORIMOND,

C'est arrangé... Nous serons deux pour un ouvrage ; rien d'étonnant : les associations sont si communes dans tous les genres.

COUPLETS.

Que d'établissemens nouveaux
Où l'on s'entr'aide pour mieux faire !
Folle entreprise de journaux ,
Riche entreprise sur la guerre ,
Entreprise sur le crédit ,
Entreprise de comédie...
En intérêt comme en esprit
Tout s'entreprend par compagnie. } (*bis*).

ARMAND.

Fort bien.

Mais malgré ces moyens nouveaux ,
Hélas , on ne réussit guère ;
Entreprise sur les journaux
Comme entreprise sur la guerre ,

Entreprise sur le crédit,
Entreprise de comédie...
En intérêt comme en esprit, } (*bis*).
On culbute par compagnie.

FLORIMOND.

Nous n'avons rien à craindre... Vous avez donc quelques idées...

ARMAND.

Oh ! confuses.

FLORIMOND.

Confuses... Vous connaissez mon sujet ?

ARMAND.

Oui, le fond ; d'ailleurs, vous allez m'expliquer les détails.

FLORIMOND.

Sommes-nous d'accord sur le lieu de la scène.

ARMAND.

Oh ! mon dieu oui... très-d'accord.

FLORIMOND.

Vous la placez...

ARMAND.

Je la place.... mais c'est selon...

FLORIMOND.

Ah !.. est-ce à la ville ou à la campagne ?

ARMAND.

Mais , si c'était à la campagne....
à la ville....

FLORIMOND.

Bah !.. à la campagne.

ARMAND.

Non pas... à la ville... certainement...
à la ville.....

FLORIMOND.

Et le genre de l'ouvrage... les principaux
caractères.

ARMAND.

Le genre... oh ! celui que vous avez pris ;
je ne vois pas la nécessité d'avoir un genre à-
présent... Pour les caractères, nous verrons... selon la scène ; et puis il y a tant de
comédies où l'on ne met pas de caractères...
Je m'en rapporte à vous pour les caractères...

FLORIMOND.

Passe pour les caractères ; mais votre intrigue.... Vous avez une intrigue !...

ARMAND.

Certainement il y a de l'intrigue ; c'est ce
qui m'embarrasse en ce moment, et je ne
vois pas comment me retirer de là...

FLORIMOND.

Eh bien ! nous verrons comment vous vous tirerez de l'intrigue , et je pourrai vous fournir quelques incidens embarrassans.

ARMAND.

Oh ! pour les incidens embarrassans, je n'en suis pas en peine; j'en vois beaucoup. C'est le dénouement que je ne prévois pas. Du-reste, nous voilà à-peu-près convenus de tout.

FLORIMOND.

Oui , votre plan câdre très-bien avec le mien , très-bien; allons, travaillons ; *(à part, en allant au bureau)* je vois qu'il ne sait rien de mon plan ; amusons-nous un peu.

ARMAND *(à part).*

Tenons-nous sur nos gardes.

FLORIMOND, assis.

Allons donc, approchez ; approchez ; à votre aise , mon cher colloborateur, comme chez vous.

ARMAND *allant poser son chapeau.*

Bravo ! me voilà déjà de la maison.

FLORIMOND.

Ah ! çà, je ne suis pas fort avancé; le

plan est encore un peu vague dans ma tête ;
il faut presque le créer.

ARMAND (à part.)

Tant mieux.

FLORIMOND.

Mais je vais toujours vous méttre au fait ;
voici d'abord à-peu-piès mes personnages.

ARMAND.

Savez-vous qu'il est plaisant que nous nous
soyons rencontrés.

FLORIMOND.

Très-plaisant ! — un tuteur , sa pupile , et
l'amoureux de la pupile : il faut un amoureux ?.... Qu'en dites-vous ?....

ARMAND.

Un amoureux auprès d'une pupile ; j'y
avais songé.

FLORIMOND.

Nous disons donc une pupile et un amoureux. Le jeune homme sera très - épris ,
rusé , et cherchera à s'introduire chez le tuteur ; s'introduira-t-il ? ou ne s'introduira-
t-il pas dans la maison ?

A R M A N D.

Pas le moindre doute : il est introduit.

F L O R I M O N D.

Ah ! il est introduit, soit ; mais parvien-
dra-t-il chez le tuteur, du consentement de
la jeune personne ?

A R M A N D.

Du consentement de la jeune personne ?...
Non, le jeune homme doit s'introduire dans
la maison, et sous un prétexte honnête.

F L O R I M O N D.

Sous un prétexte honnête... J'aime mieux
cela. Le voilà donc chez le tuteur.... Mais
est-il aimé, et le saura-t-il ?

A R M A N D.

S'il le saura ; voyons, je me mets à sa
place. — Il ne doit pas le savoir ; car moi, si
je me croyois aimé, je me présenterais sans
détour ; j'irais trouver le tuteur..... Il vient
donc pour tâcher de s'en assurer.

F L O R I M O N D.

Ah ! c'était dans votre plan ?

A R M A N D.

Oui, c'était dans mon plan.

FLORIMOND.

Mais le jeune homme est là ; puisqu'il ne sait pas s'il est aimé , il faut donc qu'il cherche quelque moyen pour voir la pupile.

ARMAND.

Certainement ; c'est le nœud de la piéce ; mais , monsieur , qui fera notre musique ?

FLORIMOND.

Mon ami , point d'inquiétude ; j'ai une virtuose à mes ordres ; ici , dans la maison... ma niéce.

ARMAND *se levant.*

Votre niéce ! une femme, pour faire notre musique !.... Monsieur, pas une minute à perdre ; il faut qu'elle vienne à l'instant, pour saisir la situation ! profiter du moment !....

FLORIMOND.

Tranquilisez-vous.... je lui expliquerai la situation ; ne nous écartons point de la question : avant de songer à la musique , finissons notre plan. — Il s'agit d'abord de savoir si l'on aime le jeune homme.

C

ARMAND.

Comment faire ?....

FLORIMOND.

Nous avons en comédie différens moyens ;
par exemple, on pourrait faire parvenir une
lettre.... ménager une entrevue entre les
deux jeunes gens.

ARMAND.

Pas mal.... Je suis beaucoup pour l'entrevue !....

FLORIMOND.

Eh bien ! moi, pas du tout.... Je trou-
verais beaucoup plus plaisant de faire tout
apprendre au jeune homme devant le tuteur
qui sera censé ne se douter de rien.

ARMAND.

La scène offre des difficultés.

FLORIMOND.

Pas du tout ; vous ne connaissez pas ma
méthode : quand les positions offrent un certain embarras ; pour amener les entrées, pour
mieux juger de l'effet, je dispose l'appartement , j'établis quelques lumières, et j'essaye

mes scènes avec un ou deux amis ; de cette
façon. on place les personnages, on juge
mieux, et l'on voit tout.

ARMAND.

Excellent moyen ; distribuons les rôles.

FLORIMOND.

Moi, je fais le tuteur, d'autant que d'oncle
à tuteur il n'y a pas grande différence.

ARMAND.

C'est la même chose.

FLORIMOND.

Vous êtes l'amoureux.

ARMAND.

Si vous voulez..... et la pupile ?

FLORIMOND.

Ma niéce, mon ami, ma niéce......
(Il appelle un valet.)
Lafleur, qu'on appelle ma niéce.

ARMAND.

Votre niéce !... à merveille, monsieur...
à merveille.

FLORIMOND.

C'est que vous ne la connaissez pas...
si vous la connaissiez, vous sauriez qu'elle
peut très-bien jouer ce rôle.

ARMAND.

Vous croyez?

FLORIMOND.

J'en suis sûr; il faut de l'intelligence, de
la finesse... Elle en a... et beaucoup! je vais
moi - même ordonner que l'on ferme ma
porte pour tout le monde , n'est - il pas
vrai ?

ARMAND.

A - présent , monsieur , c'est mon avis;
nous serons plus tranquiles.

FLORIMOND *(à part)*.

Il faut bien ménager une entrevue....
Attendez-moi , je suis à vous dans l'instant.

SCÈNE X.

ARMAND *seul.*

Comme le voilà dupe, ce pauvre oncle ;
vraîment je me le repproche — bah ! bah !
l'important est de savoir si je suis aimé.

RONDEAU.

Oncles, Tuteurs se fâcheront
Contre mon innocente adresse;
Indulgentes pour la finesse,
Les pupiles m'excuseront.

L'art est un crime où l'on sait bien;
Mais dans un si tendre lien
Souvent le plus adroit sait plaire;
Et l'on a vu la plus sévère,
Blâmant l'adresse d'un amant,
Le couronner en le grondant.
    Oncles, Tuteurs, etc.

Sexe adoré, pardonnez-nous.
Ah ! vous obtenir est si doux !
De ce moment, plus de finesse :
En jetant des fleurs sur nos jours,
L'amour remplacera l'adresse,
Et la constance les détours.
    Oncles, Tuteurs, etc.

C'est elle.

SCÈNE XI.

ARMAND, LAURE.

LAURE.

ARMAND ! ciel !....

ARMAND.

Moi-même, ma chère Laure ; l'amour le plus tendre obtiendra-t-il enfin le retour le plus heureux, le plus mérité ; j'ignore vos sentimens, et j'ose demander à vos pieds.....

SCÈNE XII.

ARMAND, LAURE, FLORIMOND.

FLORIMOND.

Eh bien ! eh bien ! ne commencez donc pas sans moi.

LAURE.

Ciel..... mon oncle.

FLORIMOND.

Attendez au-moins que tout soit arrangé...

ARMAND.

C'est que.... Nous vous attendions.....

LAURE *embarassée*.

Mon oncle ?...

FLORIMOND.

Tu vas voir ; disposons tout ; faisons de la place.

(39)

T R I O.

F L O R I M O N D.

Vous, arrangez ce côté-là;
Vous, par-ici; puis moi, par-là.

A R M A N D *à Laure.*

Lui, par-ici; venez par-là.

L A U R E.

Je n'ose.....

A R M A N D, (*haut.*)

Au-moins, mademoiselle
Va nous aider.

F L O R I M O N D.

Il le faut bien.

A R M A N D.

Vous l'entendez : il le faut bien.

L A U R E.

Oui, je l'entends.

F L O R I M O N D.

Il le faut bien.

ARMAND, (*à part.*)

Oui vraîment, tout ceci sans elle
Ne vaudrait rien.
Daignerez-vous, mademoiselle,
Me seconder.....
    A Laure qui approche.
     Que de bonté !

FLORIMOND *ironiquement.*

    Que de bonté !
Vous pouvez bien, en vérité,
Tout seul arranger ce côté ;
Moi, par-ici, jai besoin d'elle ;
Vous, arrangez ce côté-là.

LAURE.

   Ce côté-là ?

FLORIMOND.

Vous, celui-ci.

ARMAND.

Moi, celui-ci.

FLORIMOND *à Laure.*

  Vous, celui-là.

LAURE.

  Moi, celui-là.

FLORIMOND.

Fort bien, très-bien comme cela.

Pour bien disposer tout cela,
Vous vous entendrez.

ARMAND.

Oh ! sans peine.

FLORIMOND.

Bon, je vais éclairer la scène.

(Il sort.)

ARMAND.

Ah ! profitez de cet instant ;
D'un mot rassurez votre amant.

LAURE *(à part)*.

Qu'il est fâcheux, dans cet instant,

ARMAND.

D'un mot rassurez votre amant.

LAURE *(à part)*.

De se contraindre en l'adorant.

ARMAND.

Il est parti, ma chère Laure,
Ah ! daignez répondre à mes vœux.

Lorsqu'un seul mot peut rendre heureux,
Peut-on le refuser encore?

L A U R E.

N'accusez point le cœur de Laure,
Peut-être il répond à vos vœux.

L A U R E.

En-vain un mot peut rendre heureux;
Le dire peut coûter encore.

A R M A N D.

Lorsqu'un seul mot peut rendre heureux,
Peut-on le refuser encore?
Un mot. . . . .

FLORIMOND *rentre, avec des flambeaux.*

Tout est prêt; je commence :
Il faut ici de la prudence!

L A U R E.

Il s'attriste de mon silence;
Il croit à mon indifférence.

T O U S   T R O I S.

Hâtons-nous; l'heure avance :
Oh dieu! quelle est mon impatience?
Et la crainte et le bonheur
Pressent, agitent { mon / son } cœur.

LAURE.

Mais, mon oncle, expliquez-moi donc.

FLORIMOND.

Te voilà bien surprise ; c'est M. Armand qui veut bien se prêter à mes projets, et m'aider à finir ma piéce ; nous allons essayer une scène ; tu joues le rôle de la pupile.

LAURE.

Moi, mon oncle ?

FLORIMOND.

C'est l'instant où l'amant s'est introduit pour tâcher de savoir s'il est aimé ; le tuteur n'en sait rien encore ; il faut que le jeune homme l'apprenne devant lui ; tu vas nous donner tes idées ; et comme c'est toi qui fais la pupile, c'est à toi de trouver un moyen. Voilà ton rôle.

LAURE.

Mais, mon oncle , il s'agit de faire un aveu ; moi, je ne vois pas trop comment. . . . c'est embarassant ; et puis , supposé que la jeune personne ait un secret penchant pour le jeune homme, est-ce qu'elle doit convenir ? . . . . .

FLORIMOND.

Mais c'est à elle à faire ses réflexions.

ARMAND.

Rien de plus facile ; et puis , sans parler tout-à-fait directement , n'y a-t-il pas cent manières plus heureuses , ou plus adroites ; un regard , un mot.....

FLORIMOND.

Certainement ; te voilà en scène... C'est ça... Le jeune homme est ici ; nous supposons le tuteur à cette place , un peu en arrière ; le jeune homme vient de faire entendre qu'il aime.

ARMAND.

Sans-doute ; qu'il aimera toujours, toute sa vie ; qu'il n'aspire qu'à posséder le cœur et la main de la jeune personne. Il y a peut-être des obstacles ; mais avant de chercher à les détruire, il faut qu'il sache s'il est aimé ; c'est à cela qu'il faut qu'elle réponde.

FLORIMOND.

Sans - doute.

LAURE.

Mais elle doit être embarassée, surprise : et moi.... je crois que voilà tout.

FLORIMOND.

Mais le jeune homme n'en serait pas plus avancé, avec sa ruse.

LAURE.

Se trahir par hazard, sans y penser, encore passe ; mais, mon oncle, quand on réfléchit, on ne peut pas comme cela dire je vous... je crois... et puis devant témoin encore.

FLORIMOND.

A-la-bonne-heure ; le témoin gêne ; mais il ne peut pas s'en aller.

ARMAND.

Il faut donc, pour bien faire, prendre une manière détournée.

FLORIMOND.

Et parbleu, ma romance, ma chère Laure ; ma romance : voilà l'instant de la placer ; tu vas la chanter ; et l'on pourra voir.

LAURE.

Mais, mon oncle, chanter....

ARMAND.

Votre oncle a raison, mademoiselle ; ne vous en défendez plus ; daignez chanter la romance... et puis il faut de la musique dans cette scène ; tenez, l'amant est là très-attentif ; il ne perd ni un geste, ni un regard ; il attend l'arrêt qui doit décider de son bonheur.

FLORIMOND *allant au piano.*

Et moi, d'ici, je fais le public, et j'observe pour faire mes remarques.

ARMAND.

Mais restez donc ?

FLORIMOND.

Pas du tout ; supposez que je suis là ; et puis il faut que j'accompagne ; je fais aussi l'orchestre ; allons.

LAURE.

Comme le cœur me bat !

FLORIMOND.

Comment ?.....

LAURE.

La peur, mon oncle ! vous savez bien
que je ne chante jamais devant... quelqu'un.

FLORIMOND.

Point de réflexions ; fais ce qu'on te dit.

COUPLETS.

Ah ! pour l'amant le plus discret
Un sentiment profond et tendre,
Voulût-on même s'en défendre,
Ne peut long-tems rester secret.
A chaque instant le cœur révèle
Qu'enfin on a su le toucher ;
Le soin qu'il prend pour le cacher
Malgré lui toujours le décèle.   (*bis.*)

FLORIMOND.

Pas mal ; elle y met du sentiment. Le
second couplet ; allons, le second couplet ?

LAURE.

Hélas ! il arrive un moment
Où le cœur, lassé de se taire,
Laisse pénétrer un mystère
Qu'il voudrait cacher vainement ;
Il dit, en résistant encore,
Tous mes efforts sont superflus ;
Mon secret ne m'appartient plus,
Il est à l'objet que j'adore.   (*bis.*)

ARMAND.

Oh ! mademoiselle, c'est charmant !...

FLORIMOND.

Voilà mes deux vers de tantôt ; la romance
est en situation.

ARMAND.

Mais est-ce que dans votre plan l'amant
ne répond rien ?

FLORIMOND.

Bon ! quelle folie ! et la prudence donc.

ARMAND.

C'est impossible ; je ne suis pas de votre
avis. Il faut que l'amant réponde, sur l'air
de la romance ; et comme il est transporté
de ce qu'il vient d'entendre, il prend seu-
lement le mouvement un peu plus vif.

> O moment heureux, enchanteur !
> Comment exprimer mon délire ?
> L'ardeur que cet aveu m'inspire
> Enivre mes sens et mon cœur.
> Enfin, je l'éprouve moi-même,
> Par ces mots, leur tendre douceur !...
> Aimer, c'est rêver le bonheur ;
> Être aimé, c'est le bonheur même. (*bis.*)

FLORIMOND.

Pas trop mal !.... Puisque vous voulez
que le jeune homme chante, il chantera ;
mais comme nous sortons d'une situation
un peu calme, il faut réchauffer, ranimer
la scène ; ainsi, tout-de-suite, colère du
tuteur, qui a saisi à-la-fois le sens donné
aux couplets, et des regards entre les amans.
Il s'approche d'eux, tout en fureur ; Laure
s'enfuit la pupille effrayée s'enfuit... par là...

ARMAND.

L'amant affectant une fausse frayeur,
se sauve par là, de même.....

FLORIMOND, *arrêtant Armand qui veut suivre Laure*.

Non, non, vous par ici ; — pour le couplet, je vous le passe ; mais... par exemple, sur
ce point, je ne vous céderai pas. La décence
théâtrale, le bon sens, tout veut que la maî-
tresse et l'amant ne se sauvent pas du même
côté ; ils doivent être séparés comme ceci.

ARMAND.

Les voilà donc de chaque côté du théâtre,
et sûrement bien tristes.

D

FLORIMOND.

Je vous laisse à penser ; le tuteur est au milieu , sur le devant de la scène.

ARMAND.

Au moins de loin les amans se font des signes d'intelligence , derrière le tuteur.

FLORIMOND.

Oui , parbleu ; et cela pendant un monologue du tuteur , que la situation indique...

ARMAND.

A merveille ; mais il n'y a pas à reculer ; il faut à - présent marcher ; la situation entraîne , commande ; comme nous supposons que le tuteur a découvert l'amour des jeunes gens , il doit réfléchir, sentir l'impossibilité de résister plus long-tems ; d'ailleurs , il est bon, indulgent ; les amans s'approchent de lui petit-à-petit , comme cela.

FLORIMOND *ironiquement.*

Le tuteur s'attendrit ! ...

ARMAND.

Alors ils se jettent à ses pieds. ... il les relève et les unit.

FLORIMOND *les relevant.*

Vous dites donc qu'il les relève et les unit ?

ARMAND.

Il n'y a pas d'autre dénouement.

FLORIMOND.

Il les relève.... et ne les unit pas !... Il faut rendre la chose plus morale....

ARMAND.

Comment !

FLORIMOND.

Le tuteur qui, jusques-là, n'a paru qu'un homme faible ; qui avait des yeux pour ne point voir, des oreilles pour ne point entendre, a tout vu, tout entendu.... Il n'a point été la dupe de la finesse de l'amant : et voilà à-peu-près comme il lui parle... Monsieur, la poésie a ses licences, et l'adresse des bornes qu'on ne doit jamais franchir.... On peut bien devenir amoureux d'une jeune personne ; on peut desirer de l'épouser, et prendre pour l'obtenir des moyens que la délicatesse admet.... mais s'introduire par un moyen coupable dans une famille honnête,

(Ici les jeunes gens se reculent doucement).

séduire un cœur, jeune, sans expérience,

sans l'aveu de l'oncle sensé dont il dépend, profiter d'un goût, peut-être d'une manie particulière qu'il a, pour le placer dans une position embarassante ; de plus, mettre sa niéce du complot.... lui donner le conseil perfide et coupable d'entraîner ce bon oncle (qui l'aime tendrement) dans une situation ridicule qu'elle partage, sans s'en douter. Voilà, Monsieur, une conduite impardonnable ! Eh ! qui vous dit, Monsieur, vous qu'on doit traiter d'inconsidéré, pour ne pas vous donner un titre plus fâcheux.... qui vous dit qu'il n'y a pas un obstacle invincible au lien que vous désirez....

ARMAND.

Ciel !

FLORIMOND.

Dès-lors sentez-vous toute l'inconséquence de votre conduite? Retirez-vous, Monsieur ; que ceci vous serve de leçon ; et sachez que ce que l'on doit le plus respecter, c'est la jeunesse et l'innocence.

ARMAND *se retirant.*

Il a raison. Je n'ai rien à opposer à ses justes reproches.

LAURE *retournant à sa chambre.*

Je vois bien qu'il n'est plus d'espérance.

(53)

FLORIMOND.

Eh bien ! vous vous en allez tout-à-fait....
attendez donc ; il y a encore une scène.

ARMAND *revenant.*

Quoi, monsieur !

FLORIMOND.

Sans-doute. Comme l'amant dit qu'il s'en
va , il reste : c'est la régle ; comme la pupile
dit qu'elle n'a plus d'espérance , elle en a. . .
Enfin comme le tuteur dit , que rien ne
pourra le calmer , l'attendrir. . . il se calme ,
il s'attendrit.

ARMAND.

Serait-il possible !

FLORIMOND.

Très-possible..... ce n'est pas un mé-
chant homme que notre tuteur..... il n'a
voulu que donner une leçon utile aux jeunes
gens. Tout-à-l'heure ils étaient à ses pied ;
à-présent il leur tend les bras , et il les aime
mieux là , contre son cœur, qu'à ses genoux :
chacun a son goût.....

LAURE, ARMAND.

Que de bontés !... Quel bonheur !...

FLORIMOND.

Et pour rendre la chose plus touchante,
l'oncle unit pour jamais Laure et Armand ;
car c'était depuis long-tems son dessein ; il
ne fallait pas vous donner tant de peine. . . . .
C'était dans mon plan.

ARMAND.

Quoi, Monsieur ?

FLORIMOND.

Oui, mon ami ; il leur assure tout son
bien , en leur répétant pour morale de la
piéce , qu'il est bien fait de chercher le bonheur, mais toujours par des moyens qui ne
blessent ni la décence ni la délicatesse.

VAUDEVILLE.

LAURE.

Maintenant l'Ouvrage est fini ;
Désormais chez nous point de scènes ,
Toute nouvelle intrigue ici ,
Ne nous causerait que des peines ;
Heureux , par un amour constant ,
Mettant vos leçons en pratique ,
Restons toujours au dénouement ⎱
   De l'Opéra-Comique.   ⎰ (*bis*).

FLORIMOND.

Les nouveaux faiseurs d'Opéras

Croyent, en dépit de Thalie,
Par des tombeaux et du fracas
Enrichir la scène appauvrie ;
On y voit sombre habillement,
Cri, désespoir, douleur antique :
Par là souvent au dénouement
   L'auteur seul est comique. } (*bis*).

A R M A N D *au public.*

Trois auteurs auront trois fois torts
S'ils tombent en votre présence ;
Mais, s'ils ont fait un triple éffort,
Doublez au-moins votre indulgence ;
Sur-tout en ce fatal moment,
Ecartant un peu la critique,
N'attristez pas le dénouement
   De l'Opéra-Comique. } (*bis*).

F I N.

A VERSAILLES, DE L'IMPRIMERIE DE LEBLANC.

* 9 7 8 2 3 2 9 4 0 3 8 6 1 *